W0315651

Dieses Übungsheft gehört:

____

Impressum:
Doris Lang
Pragerstraße 5
1210 Wien
Österreich
Tel.: +4369910120673
E-Mail: dorislang.hefte@gmail.com

Schwungübung

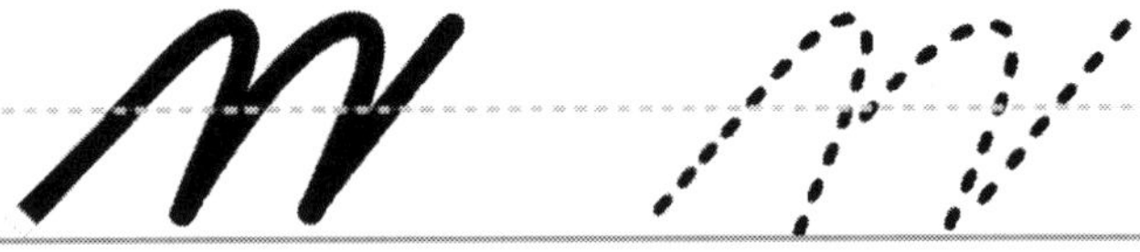

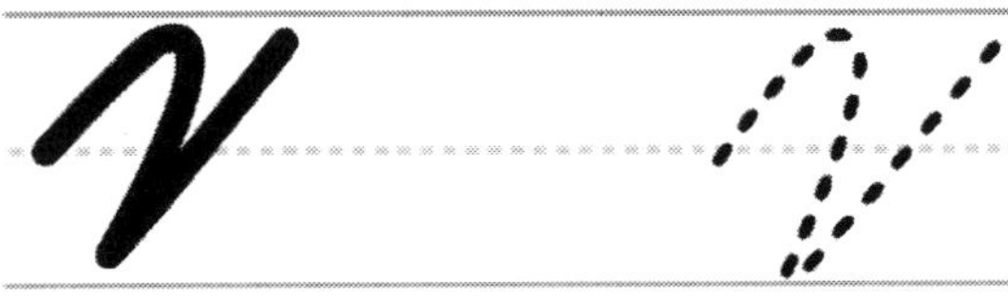

Schwungübung

A a

A a

Affe

Ampel

A a

Finde Namen mit
dem Buchstaben "*A*"

Anton

Anna

Affe Anton angelt am Abend Ameisen.

Alle Ameisen arbeiten am Abend.

~~nach Hause~~ ~~Martina~~ läuft

~~geht~~ zur Schule Tim

Martina geht

nach Hause.

Tim

B b

B b

Baum

Ball

B b

Finde Namen mit dem Buchstaben "*B*"

Bertha

Bianca

Beate backt gerne Bananenkuchen.

Bella bastelt mit dem Baukasten.

C c

C c

Clown

Cäsar

C c

Finde Namen mit dem Buchstaben "*C*"

Clemens

Claudia

Calvin spielt gerne Computerspiele.

Chiara lacht mit dem Clown.

ein Spiel

Dacid

spielt

Der Schüler

ein Instrument

David

Der

D d

D d

David

Damm

D d

Finde Namen mit
dem Buchstaben "*D*"

Diana liest gerne auf dem Dach.

Die Damen tragen gerne Taschen.

E e

E e

Emma

Erde

E e

Finde Namen mit dem Buchstaben "E"

Emil eilt abends zu seinen Eltern.

Ein Elefant isst mit dem Rüssel.

mit dem Roller

Mario

fährt

Nadia

Fahrrad

F f

F f

Falle

Film

F f

Finde Namen mit dem Buchstaben "*F*"

Franklin fürchtet sich vor Feuer.

Die Familie fährt mit dem Fahrrad.

G g

G g

Gitter

Gans

G g

Finde Namen mit
dem Buchstaben "*G*"

Gustav ist ganz gut gelaunt.

Der Geier greift nach der Beute.

ein Gedicht | Kevin | liest
schreibt | ein Buch | Nina

Kevin

Nina

H h

H h

Halle

Hammer

H h

Finde Namen mit dem Buchstaben "*H*"

Der Hase humpelt durch die Hecke.

Helmut hilft heute seinem Hund.

I i

I i

Ida

Igel

I i

Finde Namen mit dem Buchstaben "I"

Der Igel schläft im Winter.

Helmut hilft heute seinem Hund.

über das Meer Der Kapitän fährt

lenkt das Schiff Das Boot

J j

J j

Jause

Jacke

J j

Finde Namen mit dem Buchstaben "*J*"

Der Jäger jagt den Wolf.

Jan isst zur Jause seinen Joghurt.

K k

K k

Koffer

Kammer

K k

Finde Namen mit dem Buchstaben "*K*"

Die Kinder kichern im Zimmer.

Karin kehrt mit dem Besen im Keller.

mäht schwimmt den Rasen

Der Fisch Der Gärtner im See

L l

L l

Lasso

Lamm

L l

Finde Namen mit dem Buchstaben "*L*"

Lars liest auf einem Liegestuhl.

Der Löwe läuft durch den Dschungel.

M m

M m

Minnie

Martha

M m

Finde Namen mit dem Buchstaben "*M*"

Die Mumie liegt in einem Sarg.

Marta malt die magische Muschel.

im Schlaf	Der Maler	träumt
streicht	die Wand	Manuel

N n

N n

Nuss

Nordpol

N n

Finde Namen mit dem Buchstaben "*N*"

Der Kompass zeigt nach Norden.

Nina nimmt das neue Nachtkissen.

O o

O o

Otto

Onkel

O o

Finde Namen mit
dem Buchstaben "*O*"

Die Oase liegt im Osten.

Otto ordnet oben den Ofen.

im Garten | Der Vogel | läuft
fliegt | Der Hund | in der Luft

P p

P p

Pony

Paula

P p

Finde Namen mit dem Buchstaben "*P*"

Der Papagei pickt nach dem Futter.

Petra parkt das Auto im Parkhaus.

Q q

Q q

Qualle

Quark

Q q

Finde Namen mit dem Buchstaben "Q"

Die Qualle schwimmt durchs Meer.

Quallen quälen sich in der Quelle.

Der Zug	weht	Der Wind
auf den Gleisen	fährt	durch den Wald

R r

R r

Roller

Roman

R r

Finde Namen mit dem Buchstaben "*R*"

Die Ratte riecht den Käse.

Rudi radelt mit seinem Rad.

S s

S s

Sessel

Susi

S s

Finde Namen mit dem Buchstaben "*S*"

Der Sand unter der Sonne steht still.

Susi spielt später in der Sonne.

an der Wand   Der Ball   hängt

Das Bild   rollt   auf das Tor

T t

T t

Trommel

Tonne

T t

Finde Namen mit dem Buchstaben "*T*"

Der Bäcker teilt die Torte in Stücke.

Thomas turnt durch den Turnsaal.

U u

U u

Uhu

Urne

U u

Finde Namen mit dem Buchstaben "*U*"

Ulrike übt unten mit der Uhr.

Das Ufo landet nachts im Urwald.

am Morgen	fällt	Der Hahn
kräht	Der Blatt	vom Baum

V v

V v

Viktor

Venus

V v

Finde Namen mit dem Buchstaben "*V*"

Der Vogel landet auf dem Baum.

Vera verklebt vorne viele Vasen.

W w

W w

Watte

Walter

W w

Finde Namen mit dem Buchstaben "*W*"

Vier Wikinger wandern durch das Land.

Walter wechselt die Windeln.

Der Koch backt schneidet

das Brot der Bäcker die Zwiebel

X x

X x

Xena

Xavier

𝒳 𝓍

Finde Namen mit
dem Buchstaben "𝒳"

Die Hexe verzaubert die Tiere.

Xavier läuft auf dem Spielplatz.

Y y

Y y

Ypsilon

Yoga

Y y

Finde Namen mit dem Buchstaben "*Y*"

Die Yacht fährt über das Meer.

Ypsilon ist ein Buchstabe.

Sonja	das Buch	die Blumen
Markus	liest	gießt

Z z

Z z

Zeppelin

Zaun

Z z

Finde Namen mit
dem Buchstaben "Z"

Die Tiere zeigen sich im Zoo.

Im Zirkus zappelt der Zebrafisch.

Printed in Germany
by Amazon Distribution
GmbH, Leipzig

25898954R00061